Tableaux Modernes

GOUACHES, AQUARELLES

BRONZES DE BARYE

COLLECTION

DE

Monsieur E. M...

PARIS — 1897

PARIS — IMPRIMERIE GEORGES PETIT

12, RUE GODOT-DE-MAUROI, 12

Tableaux Modernes

AQUARELLES

Gouaches, Pastels

ET

DESSINS

PARIS — IMPRIMERIE GEORGES PETIT
12, RUE GODOT-DE-MAUROI, 12

CATALOGUE

DE

Tableaux Modernes

par

BONNAT, J.-L. BROWN, DE DREUX, GUILLEMIN
ISABEY, JONGKIND, ZIEM

AQUARELLES, GOUACHES

Pastels et Dessins

PAR

ANDRIEUX, BIDA, CICERI, CONDAMY, DELACROIX
DEFAILLE, LAMY, MALLET, ROYBET, ROUSSEAU, WORMS

BRONZES par BARYE

Gravures sportives anglaises et Lithographies

Composant la Collection de M. E. M.[AYER]

et dont la vente aura lieu :

HOTEL DROUOT, Salle n° 1

Le Jeudi 6 Mai 1897

A 2 HEURES 1/2

Commissaires-Priseurs :

Me PAUL LEMOINE	Me DUCHESNE
91, Rue Lafayette, 91	6, Rue de Hanovre, 6

Experts :

MM. BERNHEIM JEUNE ET FILS
8, Rue Laffitte — Avenue de l'Opéra, 36

EXPOSITIONS :

Particulière, le Mardi 4 Mai 1897, de 1 h. 1/2 à 5 h. 1/2.
Publique, le Mercredi 5 Mai 1897, de 1 h. 1/2 à 5 h. 1/2.

CONDITIONS DE LA VENTE

Elle sera faite au comptant.

Les Acquéreurs paieront CINQ POUR CENT en sus des adjudications.

TABLEAUX MODERNES

Tableaux Modernes

BALLAVOINE (J.)

N° 1

Jeune Femme.

Signé en haut, à gauche.

Haut., 35 cent.; larg., 24 cent.

BONNAT

N° 2

Italienne.

Elle est assise sur un tertre et maintient de son bras droit un pot en cuivre posé sur ses genoux.

Signé à gauche.

Toile. Haut., 40 cent.; larg., 30 cent.

BROWN (John-Lewis)

N° 3

Chasse à courre.

Haut., 25 cent.; larg., 45 cent.

DE DREUX (Alfred)

N° 4

Chasse à courre (Piqueurs sous bois).

Haut., 73 cent.; larg., 46 cent.

DE DREUX (Alfred)

N° 5

Cavalier.

Haut., 59 cent.; larg., 74 cent.

DE DREUX (Alfred)

No 6

Un Cavalier.

Haut., 34 cent.; larg., 41 cent.

ECOLE FRANÇAISE

No 7

Berger et Bergère.

Haut., 41 cent.; larg., 29 cent.

ÉCOLE HOLLANDAISE

No 8

Paysage.

Haut., 40 cent.; larg., 49 cent.

Provient du cabinet de M. Jacques Laffitte.

ÉCOLE HOLLANDAISE

N° 9

Un Marché, le soir.

Haut., 40 cent.; larg., 49 cent.

GUILLEMIN

N° 10

Batteurs de blé (Italie).

Haut., 27 cent.; larg., 22 cent.

Provient de la vente Guillemin.

ISABEY (Eug.)

N° 11

Arrivée de la Diligence.

Dans un village au moyen âge, une diligence traînée par six forts chevaux apparaît au fond du tableau, gravissant une montée rapide.

En avant, sur la place, bordée par des habitations d'une architecture rustique, des gens sont assemblés. A droite, l'aubergiste, sans doute, suivie de ses gens, descend d'un perron. Ses chiens sont en arrêt, l'un s'occupant de la lourde voiture qui arrive, tandis que l'autre est en éveil devant un de ses camarades qui appartient à l'un des seigneurs qui forment la riche compagnie et qui se trouve de l'autre côté de la place et à gauche du tableau. Elle attend, sans nul doute, les nouvelles de Paris apportées par le coche.

Tableau rempli d'animation et d'un pittoresque amusant.

Signé à gauche, daté : *1861*.

Haut., 61 cent. ; larg., 75 cent.

ISABEY (Eug.)

N° 12

Le Canot de Sauvetage.

Étude provenant de la vente.

Haut., 21 cent.; larg., 31 cent.

ISABEY (Eug.)

No 13

Après le Duel.

Le combat est terminé et l'un des adversaires est étendu à terre. Tandis que quelques gentilshommes l'entourent et semblent inquiets de la blessure, son adversaire se tient à l'écart. Un seigneur monté sur un cheval blanc sépare les deux partis. En arrière, son page tient un cheval en main.

Haut., 38 cent. ; larg., 46 cent.

JONGKIND

N° 14

Un Canal en Hollande (Effet de lune).

Sur le canal sont amarrés des bateaux. Sur la berge à droite des personnages, dans le fond des maisons où étincellent des lumières. Sur l'autre quai, on aperçoit une construction importante avec tourelle. En avant, une femme lave du linge dans le canal. En arrière, des arbres et des maisons. Un pont barre l'horizon et au-dessus, perçant les nuages, la lune éclaire ce paysage et se reflète dans les eaux du canal.

Signé à droite, daté : *1868.*

Haut., 33 cent. ; larg., 46 cent.

JONGKIND

N° 15

Retour des champs.

Sur la route, un paysan ramène à la ferme une voiture attelée de bœufs. A gauche, une femme lave du linge dans une mare, à côté de laquelle picorent des volatiles. En arrière, une maison entourée d'arbres.

Signé à droite, daté : *1872.*

Haut., 52 cent. ; larg., 72 cent.

JONGKIND

Nº 16

Environs de Nieuwerkerke.

Sur le canal, où l'éclat de la lune se reflète, un bateau glisse, se dirigeant vers l'église de Nieuwerkerke que l'on aperçoit au fond.

C'est l'automne et la grêle ramure des arbres se détache sur un ciel nuageux et éclairé.

Signé à droite, daté : *1864*.

Haut., 33 cent. ; larg., 46 cent.

JONGKIND

N° 17

Chemin de halage (Oise).

A gauche, le canal où le feuillage des arbres se reflète dans les eaux bleues. Au fond, on aperçoit une cheminée et des fabriques. Sur le chemin de halage, un homme monté vient de face. A droite, des champs où paissent des vaches et, dans le fond, des maisons se détachent sur un ciel délicat.

Signé à droite, daté : *1868*.

Haut., 34 cent. ; larg., 56 cent.

NOEL (Jules)

N° 18

Le Tréport.

Daté : *1870*.

Haut., 38 cent. ; larg., 54 cent.

STEVENS (A.)

N° 29

Italienne.

Elle est coiffée d'un large chapeau de paille et vue de face.

Haut., 33 cent. ; larg., 27 cent.

VERNET (Joseph)

N° 20

La Promenade.

Haut., 70 cent.; larg., 87 cent.

ZIEM.

N° 21

Le Grand Canal. Venise.

A gauche du tableau, un bateau marchand est amarré à des pilotis. A droite, une gondole traverse le canal. En arrière, un vaisseau aux voiles déployées.

Dans le fond, Venise, avec ses palais et ses coupoles. Les eaux sont bleues et transparentes, et le peintre a minutieusement décrit l'architecture des Palais.

Tableau de la belle époque du maître.

Signé à droite.

Haut., 52 cent. ; larg., 72 cent.

GOUACHES
AQUARELLES, PASTELS
ET
DESSINS

Gouaches, Aquarelles
Pastels et Dessins

ANDRIEUX

N° 22

Les bons Conscrits.

Aquarelle

Provient de la vente Marmontel.

Haut., 21 cent. ; larg., 29 cent.

AUDY (J.)

N° 23

Cheval.

Aquarelle.

Haut., 22 cent.; larg., 35 cent.

BELLANGÉ (Hippolyte)

N° 24

Militaire et Bonne d'enfants.

Aquarelle.

Haut., 15 cent. ; larg., 11 cent.

BIDA (A.)

N° 25

Danseuse turque.

Mine de plomb rehaussée de blanc.

Haut., 24 cent. ; larg., 16 cent.

BIDA (A.)

N° 26

Un Barbier persan.

Dessin à la mine de plomb.

Haut., 20 cent. ; larg., 10 cent.

CASANOVA

N° 27

Hallebardier.

Plume et sépia.

Haut., 20 cent.; larg., 16 cent.

CICERI (Ernest)

N° 28

Une Rue de Paris en 1855.

Pastel.

Haut., 59 cent. ; larg., 46 cent.

DE CONDAMY

N° 29

Chasse en plaine. Le Passage d'un ruisseau.

Aquarelle.

Haut., 72 cent. ; larg., 86 cent.

DECAMPS

Nº 30

Enfants dans une forêt.

Sépia sur papier bleu.
Signé : *D. C.*

Haut., 23 cent. ; larg., 30 cent.

DELACROIX (Eug.)

Nº 31

Page conduisant un cheval.

Aquarelle

Haut., 25 cent.; larg., 15 cent.

DETAILLE (Edouard)

Nº 32

Cavalier portant la selle de son cheval.

Aquarelle.

Haut., 15 cent.; larg., 13 cent.

DETAILLE (Edouard)

N° 33

La Partie de cartes au corps de garde.

Aquarelle.

Haut., 21 cent.; larg., 25 cent.

DETAILLE (Edouard)

N° 34

Lancier de la garde impériale de Charles X.

Aquarelle.

Haut., 32 cent.; larg., 80 cent.

DUCHATEAU (Th.)

N° 35

Cimetière breton.

Aquarelle.

Haut., 16 cent.; larg., 26 cent.

E. D.

N° 36

Aux Tuileries.

Plume et aquarelle.

Haut., 16 cent. ; larg., 21 cent.

GIVRY (P.)

N° 37

Saint-Lô.

Aquarelle.

Haut., 32 cent. ; larg., 23 cent.

LAMI (E.)

N° 38

Trompette de hussards.

Aquarelle.

Haut., 30 cent. ; larg., 25 cent.

LAMI (E.)

N° 39

Saint Paul City (Londres).

Aquarelle.

Haut., 24 cent. ; larg., 17 cent.

LAMI (E.)

N° 40

Mousquetaire, tenue de campagne.

Aquarelle gouachée.

Haut., 12 cent. ; larg., 9 cent.

DE LUNA (Ch.)

N° 41

Quatre Études de cavaliers : hussards, cuirassiers et guide.

Aquarelle.

Haut., 46 cent. ; larg., 37 cent.

MALLET

N° 42

L'heureuse Famille.

Gouache.

Haut., 55 cent.; larg., 60 cent.

MALLET

N° 43

La Visite.

Gouache.

Haut., 55 cent.; larg., 46 cent.

MALLET

N° 44

Les Amies.

Gouache.

Haut., 31 cent.; larg., 25 cent.

MEISSONIER

(GENRE DE)

N° 45

Homme fumant devant sa maison.

Daté : *1859.*

Haut., 17 cent.; larg., 12 cent.

MEISSONIER

(GENRE DE)

N° 46

Un Bazar turc.

Haut., 7 cent. ; larg., 15 cent.

PASSAGE (COMTE DU)

N° 47

Le Retour des Champs.

Aquarelle.

Haut., 15 cent.; larg., 23 cent.

ROUSSEAU (Th.)

No 48

L'Orage.

Paysage, pastel.

Haut., 22 cent.; larg., 35 cent.

ROUSSEAU (Th.)

No 49

La Chaumière sous Bois.

Dessin à la plume.

Haut., 17 cent. ; larg., 25 cent.

ROYBET (F.)

No 50

Seigneur Louis XIII.

Dessin à la plume.

Haut., 37 cent.; larg., 26 cent.

VERBOECKOVEN (Eug.)

No 51

Moutons.

Dessin.

Haut., 26 cent.; larg., 40 cent.

WORMS

No 52

L'Avare qui a perdu son trésor.

Aquarelle.

Haut., 26 cent.; larg., 20 cent.

GRAVURES & LITHOGRAPHIES

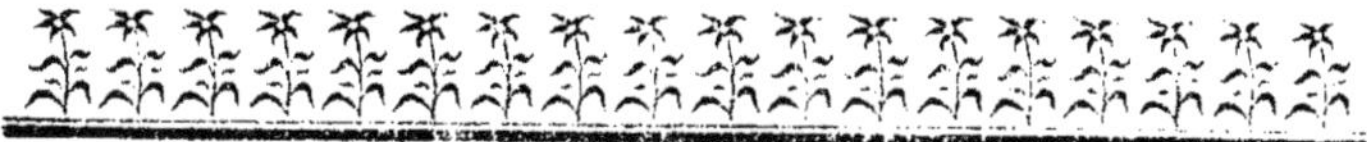

Gravures et Lithographies

N° 53

Avant la Course.

Gravure anglaise.

Haut., 20 cent. ; larg., 35 cent.

N° 54

Après la Course.

Gravure anglaise.

Haut., 20 cent. ; larg., 35 cent.

No 55

The Winner of the Derby race.

Gravure anglaise.

No 56

Race for the Gold Cup.

Gravure anglaise.

No 57

Pull Cry.

Gravure anglaise.

No 58

The Death.

Gravure anglaise.

No 59

The Meeting.

Gravure anglaise.

DEBUCOURT (F.)

Nº 60

La Galerie du Palais-Royal en 1787.

Gravure en couleurs.

Haut., 29 cent. ; larg., 56 cent.

DETAILLE (Édouard)

Nº 61

Officier de Cuirassiers.

Lithographie signée et portant au verso une lettre de M. Éd. Detaille.

Haut., 24 cent. ; larg., 15 cent.

DETAILLE (Édouard)

Nº 62

Lancier de la Garde Royale (Charles X).

Lithographie signée et portant au verso une lettre de M. Éd. Detaille.

Haut., 25 cent. ; larg., [illegible] cent.

MEISSONIER

N° 63

La Rixe.

Gravure avant toutes lettres.

Haut., 81 cent.; larg., 92 cent.

BRONZES, MARBRE

ET

OBJETS DIVERS

Bronzes — Marbre et Objets divers

BARYE

N° 64

Lion et Serpent.

Bronze, patine verte, avec socle.

Haut., 26 cent. ; larg., 35 cent.

BARYE

N° 65

Cheval attaqué par un lion.

Avec socle, patine médaille.

Haut., 40 cent. ; larg., 28 cent.

BARYE

N° 66

Centaure Biénor.

Haut., 34 cent. ; larg., 34 cent.

BARYE

N° 67

Tigre et Jaguar.

Haut., 23 cent. ; larg., 47 cent.

CLÉSINGER (J.-C.)

N° 68

Hibou debout sur une tortue.

Avec socle en marbre adhérent.

Haut., 15 cent. ; larg., 12 cent.

MÊNE (P.-J.)

N° 69

Chien en arrêt.

Avec socle.

Haut., 16 cent. ; larg., 20 cent.

MÊNE (P.-J.)

N° 70

Garniture de pendule.

Deux coupes et une pendule. Sur la pendule, un bronze de P.-J. Mêne, représentant un cheval.

N° 71

David et Goliath.

Bronze ancien.

Haut., 39 cent.

No 72

Apollon.

Marbre ancien.

Haut., 64 cent.

No 73

Panoplie d'armes anciennes.

No 74

Grand lustre hollandais ancien.

No 75

Pendule en bronze doré, représentant un éléphant.

Époque Louis XV.

N° 76

Paire de lampes bronze japonais de Bing.

Haut., 75 cent.

N° 77

Pot à tabac ancien (les Douze Apôtres).

Grès de Nuremberg.

Haut., 18 cent.

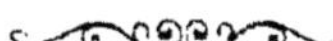

www.ingramcontent.com/pod-product-compliance
Ingram Content Group UK Ltd.
Pitfield, Milton Keynes, MK11 3LW, UK
UKHW020447180726
13839UKWH00004B/1683

9 782329 535937